„Bilderbuch-Werkstatt"

Ein Forum zur Präsentation von
Erstlingswerken junger Grafiker

Annette Herzel,
geboren 1967 in Oberhausen,
aufgewachsen in Dinslaken, ab 1986
(nach dem Abitur) Studium des
Grafik-Designs mit Schwerpunkt
Illustration in Münster.

CIP-Titelaufnahme der Deutschen Bibliothek

Geister-ABC / Annette Herzel
Text: Helmut Kunze
(Bilderbuch-Werkstatt)
Lektorat: Dr. Irene Kunze
Wien - Stuttgart: Neuer Breitschopf Verlag 1991
ISBN 3-7004-0160-4

Geister-ABC

mit Bildern von Annette Herzel
und Schüttelreimen von Helmut Kunze

NEUER BREITSCHOPF VERLAG

A

Weil ALBERT Bu-Ba-Biegel spielt,
sieht badend er sein Spiegelbild.

Wenn Kinder sie spazieren führt,
die BOL sich gleich mit vieren ziert.

C

Er singt die höchsten Töne schier,
der CROGEL ist ein schönes Tier.

D

Wenn sie von ihren Nöten spricht,
die DAPHNE ist so spröde nicht.

E

Die ELSE, ja, wenn er die fand,
dann zögerte der FERDINAND.

F

G

Man hört den GERT mit Reh-Gehörn
im Wald stets bei der Hege röhrn.

Der HEINRICH kann mit Klingen schweben,
weil ihm am Rücken Schwingen kleben.

I

J

Der JOCK stets bunte Socken trägt,
womit er nachts ganz trocken sägt.

Der IVOR - stets mit Helm er sitzt.
Die Sonne sonst den Schelm erhitzt.

K

Die KOSIMAUS will bange wissen,
wie Flöhe ihre Wange bissen.

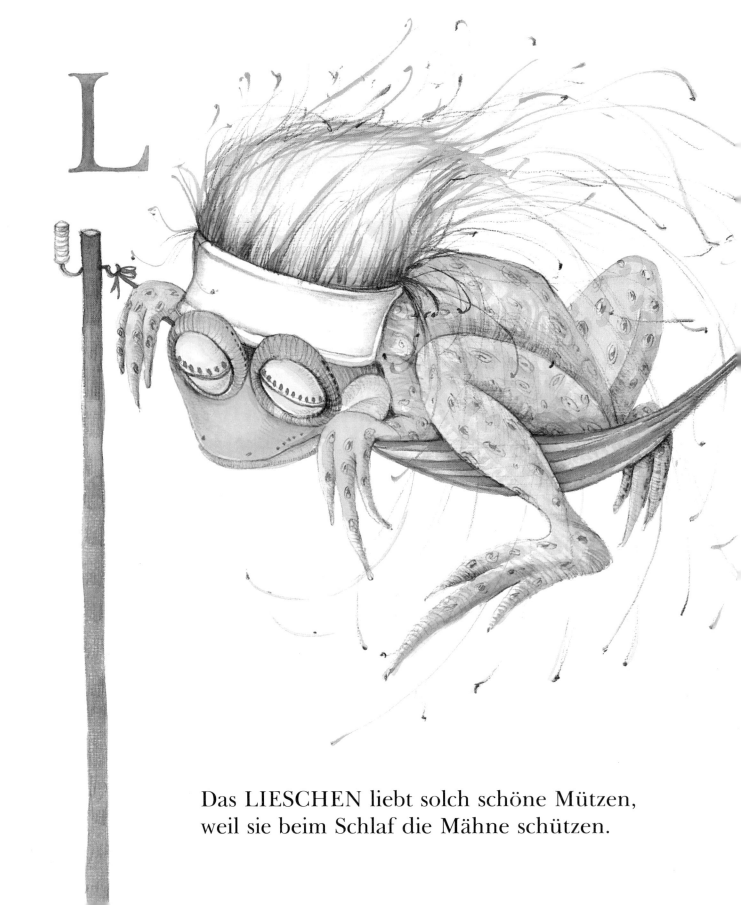

Das **LIESCHEN** liebt solch schöne Mützen,
weil sie beim Schlaf die Mähne schützen.

M

Der MAIKOPF spukt im Wonnemond,
das Restjahr er im Mohne wohnt.

N

Für NELÖR eine Frage ist,
wer wen bei Rattenplage frißt.

Es werden OLMO-EULEN halt
durch nächtelanges Heulen alt.

P

PARDAUTZE oft am Rücken lagen,
drei Zähne aus den Lücken ragen.

Es macht der QUORS stets Löwenmist,
wenn er ein Buch von Möwen liest.

Die REDA eine Flunder ist,
die jeden Teppich unterfließt.

S

Der SIGUR aus dem Stalle hinkt,
weil es in dieser Halle stinkt.

T

Den Boden kann der TULP verdichten.
Er tut's am liebsten unter Fichten.

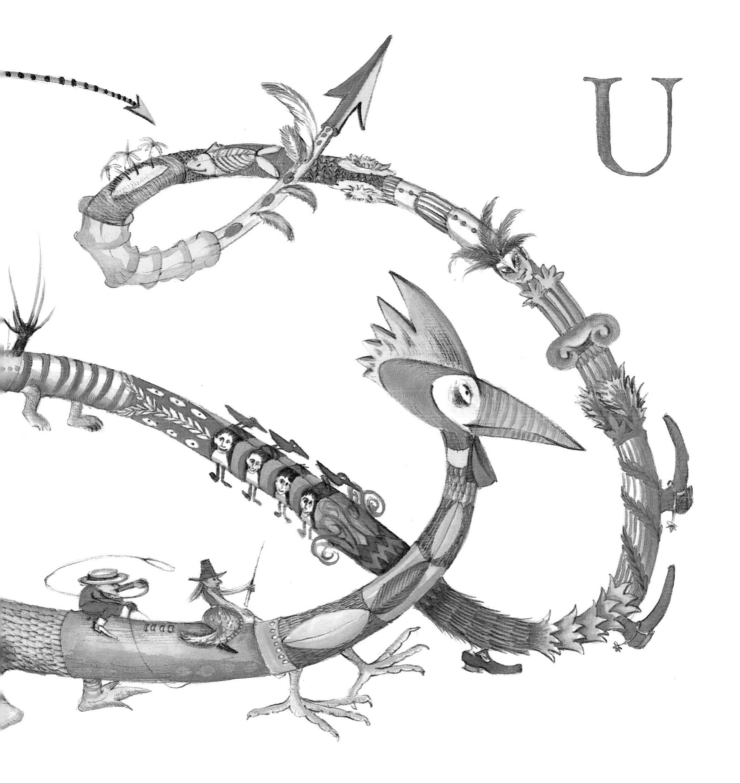

Die URLI, die am Hange lungert,
schon viele Leben lange hungert.

V

VALERIE von Inderkaus
fragt gern kleine Kinder aus.

W

Ja - das ist unser WALROSSGEIST,
der mit dem Speer nach Galwoss reist.

X Y

Der XAV hat einen Stachelrücken.
Davon ein Bild will Rachel sticken.

YASMINCHEN, unsere Talzerwanze,
ruft: „Seht, wie ich hier Walzer tanze!"

Z

Es sagt der ZOSCH: „Mein lieber Fuchs,
ich grüße dich als Fieber-Luchs!"